Louis Weber, C.E.O.
Publications International, Ltd.
7373 North Cicero Avenue
Lincolnwood, Illinois 60646
U.S.A. 3719

fabricado en Mexico

8 7 6 5 4 3 2 1

ISBN 1-56173-849-2

mentes activas

opuestos

FOTOGRAFÍAS DE

George Siede y Donna Preis

CONSULTORA

Istar Schwager, Ph.D.

arriba

Arriba y abajo,
de la cama
de un perrito

abajo

Fuera y dentro,
de tu cabeza
un sombrero

fuera

dentro

adentro

Adentro y
afuera,
un camión descargando rocas

afuera

Afuera y adentro,
el muñeco de la caja

afuera

adentro

frente

reverso

Frente y reverso,
el sombrero de un bombero

espalda   **frente**

Espalda y frente,
de una joven deportista

abierto

cerrado

Abierto y
cerrado,
un álbum d
fotografías

cerrado

Cerrada y
abierta,
para dar
una miradita

abierto

arriba

Arriba y abajo,
tocando
tus pies

abajo

arriba

Abajo y arriba,
qué bien
bota la pelota

abajo

Para y sigue,
por toda la ciudad

para

sigue

sigue

Sigue y para,
y ahora, ¡siéntate!

para

grande

Grande y
pequeño, así
son el perro
y su perrito

pequeño

pequeño

Pequeño y
grande,
se hace el
globo cuando
se infla

grande

encima

Encima y debajo,
juegan los
dos ositos

debajo

encima

debajo

Debajo y encima,
van pasando
los trencitos